AF305497

Vente du Mercredi 21 Février 1900

HÔTEL DROUOT, SALLE N° 8

à deux heures

TABLEAUX

Pastels, Aquarelles

ET DESSINS

EXPOSITION PUBLIQUE

LE MARDI 20 FÉVRIER 1900

de 1 heure 1/2 à 5 heures 1/2

Mᵉ G. DUCHESNE	M. L. MOLINE
COMMISSAIRE-PRISEUR	EXPERT
6, rue de Hanovre, 6	20, rue Laffitte, 20

PARIS. 1900

CATALOGUE

D'UNE COLLECTION

DE

TABLEAUX

Pastels, Aquarelles

ET DESSINS

PAR

BARTHOLOMÉ, E. DE BEAUMONT, E. BOUDIN, BOUTET, BENJAMIN CONSTANT, CARRIER-BELLEUSE, DELORT, FORAIN, GAVARNI, GERBAULT, GÉROME, GRASSET, LE BLANT, LOUIS LEGRAND, LOUIS ET MAURICE LELOIR, MAD. LEMAIRE, LHERMITTE, MÉRY, HENRY MONNIER, MONTZAIGLE, MORIN, PAL, H. PILLE, RAFFAELLI, ROEDEL, SOMM, STEINLEN, VUILLIER, ETC.

DONT LA VENTE AURA LIEU

HOTEL DROUOT, Salle N° 8

Le Mercredi 21 Février 1900

à deux heures

Me G. DUCHESNE	M. L. MOLINE
COMMISSAIRE-PRISEUR	EXPERT
6, rue de Hanovre, 6	20, rue Laffitte, 20

EXPOSITION PUBLIQUE

LE MARDI 20 FÉVRIER 1900

de 1 heure 1/2 à 5 heures 1/2

CONDITIONS DE LA VENTE

Elle sera faite au comptant.

Les acquéreurs paieront 5 c. par franc en sus des adjudications.

Aucune réclamation ne sera reçue une fois l'adjudication prononcée.

PEINTURES

BENJAMIN CONSTANT

1 — La douleur du Pacha.

Signé.

Panneau. Haut. 27 ; Larg. 44.

CALBET

2 — Le Dernier Abencérage.

Signé.

Toile. H. 39 ; L. 31.

CICERI

3 — Bord de rivière.

Signé.

Panneau. H. 27 ; L. 39.

DUPRAY (H.)

4 — L'Abreuvoir.

Signé.

Toile. H. 35 ; L. 24.

FOURIÉ (Albert)

5 — La nuit de Noël.

Signé.

Toile. H. 49 ; L. 32.

GIRARDET (Karl)

6 — Avenue de Choubrac (Le Caire).

Initiales K. G.

Panneau. H. 19 ; L. 37.

LELOIR (Louis)

7 — Joie maternelle.

Signé.

Toile. H. 62 ; L. 48.

NANTEUIL (Célestin)

8 — L'Ermitage.

Signé et daté 1860.

Toile. H. 65 ; L. 39.

PILLE (H.)

9 — La bannière de la Vachalcade.

Initiales H. P.

Toile. H. 163 ; L. 94.

SERGENT (Lucien)

10 — Chasseur d'Afrique.
Signé.

Panneau. H. 37 ; L. 24.

TROUILLEBERT

11 — Le Passeur.
Signé.

Toile. H. 25 ; L. 35.

PASTELS

BARTHOLOMÉ (Léon)

12 — Le Concierge.

Signé.

H. 72 ; L. 36.

13 — Bretons à la messe.

Signé.

H. 80 ; L. 67.

BOUDIN (E.)

14 — Marine.

Signé.

H. 21 ; L. 39.

CARRIER-BELLEUSE (G.)

15 — La réussite.
Signé et daté 1888.

H. 44 ; L. 54.

LHERMITTE (Léon)

16 — Canal de Nuremberg.
Signé.

H. 34 ; L. 44.

17 — La rentrée du foin.
Signé.

H. 18 ; L. 30.

18 — Les meules derrière l'église.
Signé.

H. 24 ; L. 20.

MORIN (Louis)

19 — Le Repos.
Signé.

H. 26 ; L. 37.

PAL

20 — Pierrette.
Signé.

H. 43 ; L. 32.

AQUARELLES

ADAN (Émile)

21 — Le blessé.
Signé.

H. 26 ; L. 17.

BEAUMONT (E. DE)

22 — 1. Au violon.

2. Le Pierrot est naturellement très familier.

3. Il y a gros à parier que ceux-là ne parlent pas politique...

4. Pierrot, je te châtierai...

5. Un avoué en goguette.
Initiales E. B.

H. 19 ; L. 16.

BOURGOIN (D.)

23 — Paysage.
   Signé.

H. 18 ; L. 26.

24 — Scène champêtre.
   Signé.

H. 26 ; L. 18.

DELORT (C.) et LELOIR (M.)

25 — Les Conspirateurs surpris.
   Signé.

H. 24 ; L. 34.

FORAIN (J.-L.)

26 — Une Salle de spectacle un soir de pre-
   mière.
   Signé.

H. 32 ; L. 25.

GAVARNI

(Deux pendants)

27 — Faut que j'intrigue la grande Manette.

28 — Le sieur Mathieu Dachu, dit l'hercule
   de Falaise, va prendre un canon......
   et le lever d'une seule main à la
   hauteur du visage.
   Signés.

H. 33 ; L. 21.

GERBAULT

29 — Femme en costume Louis. XV.
Signé.

H. 37 ; L. 25.

GERVEX (H.)

30 — Type de jeune bourgeoise.
Signé.

H. 44 ; L. 22.

GIRARDET (Léon)

31. — Le Déjeuner du chien.
Signé.

H. 44 ; L. 28.

GRASSET (E.)

32 — Damoiselle à atourner.
Signé.

H. 17 ; L. 12.

GYS (Constantin)

33 — La Rencontre.
Signé.

H. 16 ; L. 20.

LELOIR (M.)

34 — Soubrette.
Signé.

H. 21 ; L. 14.

LEMAIRE (Madeleine)

35 — Éventail.
>Signé.

>Diam. 67.

LINDER (P.)

36 — Jeune femme.
>Signé.

>H. 34 ; L. 23.

LYNCH (Albert)

37 — Sur le rivage.
>Signé.

>H. 21 ; L. 35.

MAROLD

38 — L'Arrivée à Villeneuve.
>Signé.

>H. 25 ; L. 20.

MÉRY

39 — Une Farce.
>Signé.

>H. 85 ; L. 56.

40 — Jean qui pleure et Jean qui rit.
>Signé.

>H. 43 ; L. 57.

41 — Le Panier d'écrevisses.

Signé.

H. 47 ; L. 59.

42 — La Souricière.

Signé.

H. 45 ; L. 59.

43 — Intérieur de ferme.

Signé.

H. 57 ; L. 43.

44 — Étude.

Signé.

H. 45 ; L. 60.

MONNIER (Henry)

45 — La Visite.

Signé.

H. 17 ; L. 13.

46 — Scène d'intérieur.

Signé.

H. 23 ; L. 16.

47 — Le Médecin.

Signé.

H. 17 ; L. 11.

48 — L'Attente.

Signé et daté 1869.

H. 14 ; L. 25.

49 — Étude de vieille femme.

Signé.

H. 21 ; L. 14.

MONTZAIGLE

50 — Sortie du Théâtre.
  Signé.

H. 40 ; L. 32.

MORIN (Louis)

51 — Aquarelle originale pour la couverture
de *Carnavals parisiens*.
  Initiales L. M.

H. 33 ; L. 95.

52 — Aquarelle originale pour l'avant-propos
de *Carnavals parisiens*.
  Signé.

H. 40 ; L. 35.

53 — Croquis d'éventail.

Diam. 60.

ORANGE (Maurice)

54 — L'Exécution.
  Signé.

H. 17 ; L. 27.

PAL

55 — Colombine.
  Signé.

H. 44 ; L. 28.

PARIS (Alfred)

56 — Le Médecin-Major.
  Signé.

H. 22 ; L. 21.

PIGAL

(Deux pendants)

57 — Le bon Ménage — Le mauvais Ménage.

Signés et datés 1829-1839.

H. 19 ; L. 19.

PILLE (Henri)

58 — L'Amour vainqueur.

Signé.

H. 34 ; L. 22.

ROEDEL

59 — Maquette originale de l'affiche de la
Vache enragée.

Signé.

H. 120 ; L. 80.

RUDAUX

60 — Éventail.

Signé.

Diam. 64.

SOMM (H.)

61 — 1. Paysage d'hiver.
2. Promenade dans les bois.
3. Étrennes.
4. Femme au gant.

Signés.

VULLIEMIN (E.)

62 — La Halte.

Signé.

H. 38 ; L. 28.

DESSINS

BALLURIAU (Paul)

63 — Reine du battoir.

    Plume.
    Signé.

        H. 44 ; L. 54.

BAYARD (Émile)

64 — Étude de femme.

    Crayon Conté et blanc.
    Initiales E. B.

        H. 29 ; L. 21.

65 — Scène galante.

    Crayon Conté.

        H. 17 ; L. 23.

BENJAMIN CONSTANT

66 — Les Pirates.

    Crayon Conté.
    Initiales B. C.

        H. 65; L. 46.;

67 — La Bataille perdue.

Crayon Conté.

H. 56 ; L. 36.

68 — Grenade (l'Alhambra).

Crayon Conté.
Initiales B. C.

H. 55 ; L. 29.

Tirés des *Orientales* de V. Hugo.

BOUTET (H.)

69 — Le Lever — Danseuse — Promeneuse.

Trois dessins à la plume et aux crayons de
couleurs.
Signés.

CARAN D'ACHE

70 — Voyage à l'Exposition.

Plume.

H. 39 ; L. 47.

FORAIN (J.-L.)

**71 — *Avez-vous fait attention, au moins ?...*
(Les joies de l'adultère).**

Plume et crayon bleu.
Signé.

H. 38 ; L. 25.

GARNIER (Jules)

72 — La Tentation.

Lavis.
Signé.

H. 20 ; L. 14.

GAVARNI

73 — La Foi, l'Espérance et la Charité.

Plume rehaussée d'aquarelle.
Signé.

H. 25 ; L. 20.

GÉROME

74 — La douleur du Pacha.

Crayon Conté.

H. 31 ; L. 19.

Tiré des *Orientales* de V. Hugo.

JACQUE (Ch.)

75 — Paysage.

Crayon Conté.
Signé et daté 1844.

H. 14 ; L. 25.

LE BLANT (Julien)

76 — Marie-Antoinette et Mme Élisabeth au Temple.

77 — Le Bouquet de violettes.

78 — Dixmer et Geneviève.

79 — La femme Tison pleurait.

80 — La Bouquetière.

81 — Les deux billets.

Encre de chine.
Signés.
Originaux pour le *Chevalier de Maison Rouge*.

LEGRAND (Louis)

82 — 1. La bombe du substitut.

Plume.
Signé.

H. 25 ; L. 22.

2. Eyraudiade.

Crayon et encre de Chine.
Signé.

H. 24 ; L. 22.

3. La Vague. A O. Métra.

Plume et crayon.

H. 38 ; L. 25.

LELOIR (Louis)

83 — Fourberies de Scapin.

Crayon et gouache.
Signé.

H. 29 ; L. 19.

84 — Croquis au crayon.

Cachet.

H. 23 ; L. 18.

LELOIR (Maurice)

85 — Paul et Virginie.

Plume et encre de chine.
Initiales M. L.

H. 28 ; L. 19.

86 — La Pavane.

Plume et encre de chine.
Signé.

H. 27 ; L. 39.

87 — La Farandole — Déclaration.

(Deux pendants)

Plume.
Signés.

H. 30 ; L. 20.

88 — Dessin original de la couverture des *Trois Mousquetaires*.

    Encre de chine.
    Signé.

H. 37 ; L. 25.

LIPHART (E. DE)
(Deux pendants)

89 — Portraits de Edmond et Jules de Goncourt.

    Signés.
    Plume.

H. 38 ; L. 26.

MONNIER (HENRY)

90 — A la campagne, par la pluie.

    Plume.
    Signé et daté 1869.

H. 17 ; L. 21.

91 — L'Homme au parapluie.

    Crayon.
    Signé.

H. 28 ; L. 20.

92 — Étude de femme.

    Crayon et aquarelle.
    Signé.

H. 23 ; L. 16.

93 — Étude de femme assise.

    Crayon et encre de chine.
    Signé.

H. 24 ; L. 19.

MORIN (EDMOND)

94 — 1. Le Départ.

    Plume.
    Signé.

H. 10 ; L. 16.

2. Le Quai au fleurs.
Plume.
Signé.

H. 11 ; L. 15.

MORIN (Louis)
(Quatre pendants).

95 — Le Mariage de Pierrot.

Plume rehaussée d'aquarelle.
Signés.

H. 41 ; L. 28.

MYRBACH (F. DE)

96 — En Canot.
Plume.
Signé.

H. 21 ; L. 30.

PILLE (H.)

97 — Collection complète des originaux pour illustrer *Gil Blas de Santillane*.

1. Portrait de Le Sage.

2. Je joignis le père et lui demandai sa bourse.

3. Nous y rencontrâmes un homme de 27 à 28 ans.

4. Vous ne vous trompez pas, ma mie.

5. J'aperçus les pieds d'un homme caché derrière une tapisserie.

6. Quelles nouvelles apportez-vous de la ville ?

7. J'arrivai dans la place où la vente s'en faisait.

8. M. l'inquisiteur tira son cadenas.

9. Je lui fis voir l'écriture de Garcias.

10. Je remerciai par une révérence.

11. Nous allâmes nous asseoir sous des arbres.

12. Il revint accompagné de six auteurs.

13. Nous attachâmes nos chevaux.

14. Mon fermier vint à mon lever.

15. J'allai chez le roi.

16. Il s'échappa dans un méchant carrosse.

Plume.

RAFFAËLLI

98 — L'Afficheur.
  Plume et crayon.
  Signé.

  H. 50 ; L. 58.

RAFFET

99 — Croquis militaires.
  Sept sujets au crayon.

  H. 39 ; L. 55.

RENOUARD (Paul)

100 — Les Coulisses de l'Opéra (*Faust*).
  Crayon Conté et gouache.
  Signé et daté mars 1877.

  H. 41 ; L. 31.

101 — Les Coulisses de l'Opéra.
  Encre de chine et gouache.
  Signé.

  H. 62 ; L. 41.

ROBIDA (A.)

102 — Panorama d'une ville au XXᵉ siècle.

Encre de chine et gouache.
Signé.

H. 34 ; L. 24.

ROEDEL

103 — Naïveté.

Plume et crayons de couleurs.
Signé.

H. 27 ; L. 22.

STEINLEN

104 — Cantinière des Fédérés fusillée par les Versaillais.

Grisaille.
Signé.

H. 26 ; L. 23.

VIDAL (Pierre)

105 — Soirée théâtrale sous le Directoire.

Plume et encre de chine.
Signé.

H. 27 ; L. 40.

VUILLIER

106 — Juive de Djara.

Encre de chine et aquarelle.

107 — Bédouine.

Plume.

108 — Un Caïd de Kroumirie.

Lavis.

109 — Juive de Tunis.
> Lavis.

110 — Entrée des souks à Nebeul.
> Plume.

111 — Rue de Zaghouan.
> Encre de chine.

112 — Café maure à Beni-Kiar.
> Encre de chine.

113 — Les Aïssaouas.
> Encre de chine et gouache.

114 — Café maure de la Kasbah.
> Encre de chine.

115 — La rue des Forgerons à Sfax.
> Encre de chine.

116 — Caravane rencontrée sur le chemin.
> Plume.
> Originaux pour la *Tunisie*.

117 — La Marchande d'oranges.
> Encre de chine.

WILLETTE

118 — Les Gaulois.
> Croquis au crayon bleu.
> Initiale W.
> H. 26 ; L. 20.

119 — Dessins non catalogués.

CHATEAUDUN

IMPRIMERIE DE LA SOCIÉTÉ TYPOGRAPHIQUE